LA POLITIQUE

OU

TRAITÉ SUR LA STABILITÉ & LA TRANQUILLITÉ

DES ETATS

PAR

M. KERSAHO

Recteur de Locoal

LORIENT

IMPRIMERIE LOUIS CHAMAILLARD, LIBRAIRE-ÉDITEUR.

4, PLACE BISSON, 4

1883

LA POLITIQUE

OU

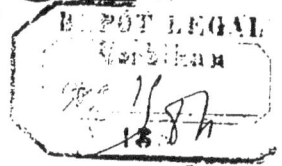

TRAITÉ SUR LA STABILITÉ & LA TRANQUILLITÉ

DES ETATS

PAR

M. KERSAHO

Recteur de Locoal

L. C.

LORIENT .

IMPRIMERIE LOUIS CHAMAILLARD, LIBRAIRE-ÉDITEUR.

4, PLACE BISSON, 4

1883

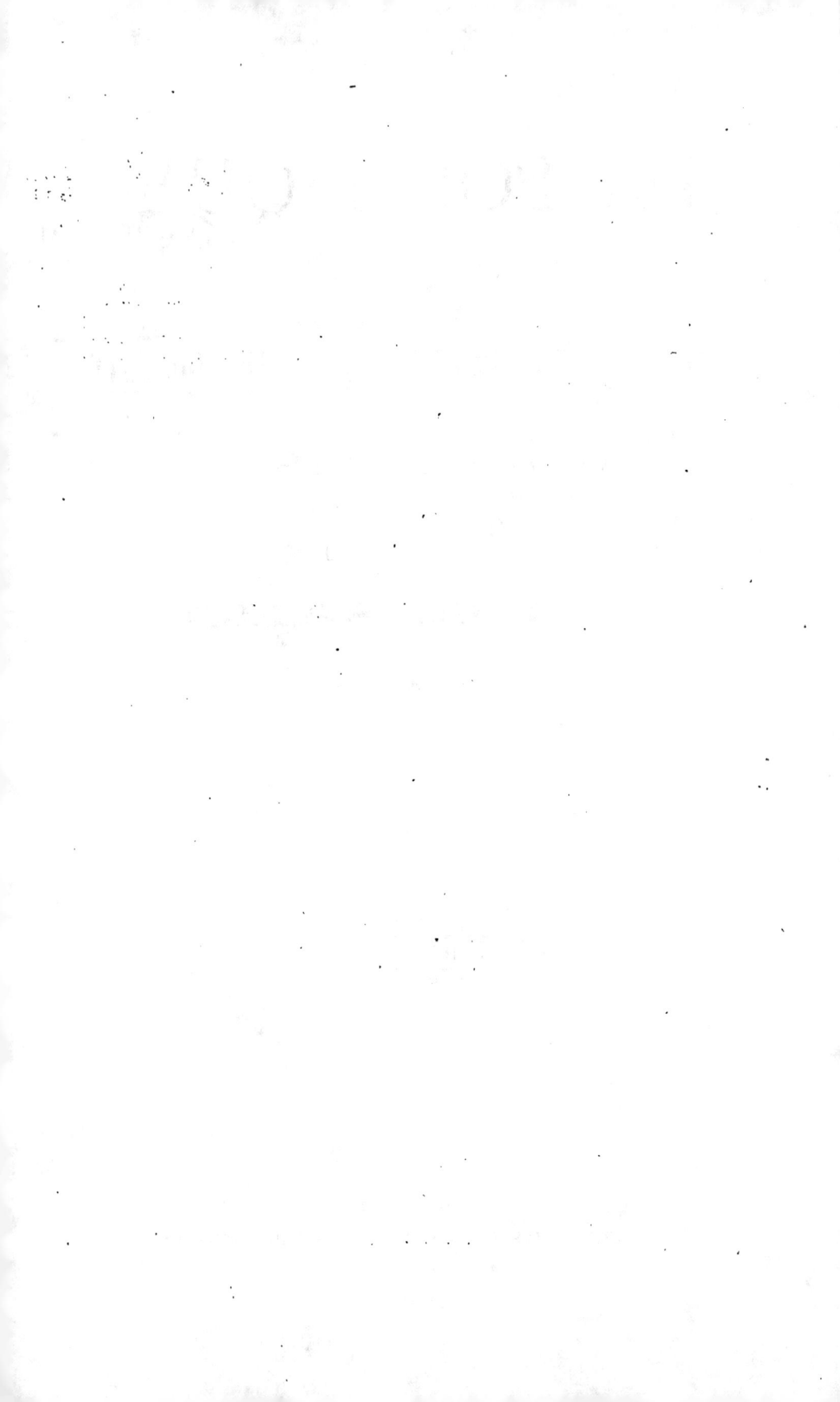

PRÉFACE

—

L'auteur de ce petit écrit s'est proposé de démontrer par des preuves de raison et par le témoignage des écrivains profanes :

1° Que la tranquillité des Etats dépend essentiellement des bonnes mœurs ;

2° Qu'il n'y a pas de bonnes mœurs sans croyances religieuses et qu'un gouvernement sans religion n'est qu'un grand brigandage ;

3° Que le droit de commander ne vient pas du peuple et que le choix le plus scrupuleux des agents du pouvoir ne le le sauvera pas ;

4° Qu'il faut tenir compte de l'action de la Providence à laquelle rien n'est étranger et qui se sert des méchants pour punir d'autres coupables et les brise à son tour ;

5° Qu'un Etat ne peut subsister longtemps si on n'y fait régner le droit, la vérité et la justice, et que le droit, la vérité et la justice ne peuvent régner qu'autant que les chefs du peuple se soumettent aux lois de Dieu interprétées par un magistère infaillible.

LA POLITIQUE

ou

TRAITÉ SUR LA STABILITÉ & LA TRANQUILLITÉ DES ÉTATS

———

Paris n'était pas encore au pouvoir des Prussiens, lorsqu'un journal de Lyon, bon républicain, publiait, dans un numéro du mois d'octobre, une pièce de vers, assez bien faits, sur les désastres que nous avions déjà éprouvés. Chaque strophe finissait par ce refrain : *Mon Dieu, qu'avons-nous fait pour le mériter.* C'était déjà quelque chose que de reconnaître avoir mérité, au moins en partie, ce terrible châtiment qui depuis a pris les proportions d'un épouvantable désastre. Voir la France, qui seule a résisté plusieurs fois aux efforts réunis de tous les peuples de l'Europe, pillée, incendiée, ruinée par la Prusse, avec une telle facilité qu'on eût dit que les défenseurs étaient d'accord avec l'ennemi, sans qu'il se soit trouvé un seul homme capable de l'arrêter dans sa marche dévastatrice, n'est-ce pas assez pour que chacun se demande si ce n'est pas ici un des fléaux dont la justice divine punit les peuples coupables.

Notre poète faisait certains aveux, reconnaissant que nous laissions quelque chose à désirer sous le rapport des mœurs. S'il avait voulu prendre en main la liste des crimes que la statistique nous présente chaque année, et la liste plus nombreuse encore de ceux qui n'y sont pas consignés, il aurait pu faire, non pas une petite pièce pour amuser ses lecteurs, mais un livre d'une effrayante réalité, et peut-être suffisant pour lui faire affirmer que nos malheurs ont été un châtiment divin.

Cependant ces listes, quelque longues qu'elles soient, ne renferment pas tous les crimes et les fautes que nous avions à expier. — Plût à Dieu que cet avertissement eût servi à nous rendre meilleurs ! — L'abandon de Rome livrée à une troupe de scélérats et les horribles attentats qui l'ont suivi, l'apothéose de Voltaire, le plus grand ennemi de la religion et de la patrie, la glorification d'un Garibaldi, les orgies des révolutionnaires et de cette race ignoble à figure humaine sortie des égouts des grandes villes, l'athéisme et l'immoralité professés publiquement, et, ce qui passe toutes les mesures de la scélératesse, imposés aux enfants dans les écoles par des préfets et des ministres. Dans ces listes, on ne voit pas figurer le blasphème, devenu si commun qu'on ne sait plus parler sans en assaisonner les conversations, le sacrilège que tous les anciens législateurs punissaient de la peine de mort ; le travail du dimanche, volontaire ou forcé, et le mépris hautement manifesté pour toutes les lois de Dieu et de l'Eglise ; l'abandon, par des populations entières, de toute pratique religieuse ; les excès de la débauche et des plus honteuses turpitudes tellement autorisés par l'exemple, qu'on aurait honte d'en rougir ; l'assassinat des âmes par la presse, par les livres, par les images, par les spectacles, par l'enseignement public, par le mensonge, par le raffinement du luxe, par toutes sortes de scandales. Dans cette liste ne sont pas comprises les sociétés secrètes, francs-maçons, solidaires, carbonari, internationaux, socialistes et autres associations diaboliques qui travaillent avec un zèle infernal à détruire le christianisme. A tout cela il faut ajouter la politique tortueuse, impie et hypocrite de ceux qui alors gouvernaient la France, et qui s'étaient imaginé que l'astuce valait mieux que la justice pour conduire les affaires. Telles sont les vraies causes de notre ruine et du triomphe de la Prusse. L'irréligion est la source de la lâcheté des uns, de la trahison des autres, de l'imprévoyance, des surprises, des incertitudes, de l'incapacité, de l'aveuglement des chefs, car quand Dieu veut perdre un peuple, il infatue les princes. C'est le péché qui rend les nations malheureuses. (*Prov. ch. 24.*) C'est ce que nous allons prouver.

CHAPITRE I

Que la tranquillité et la stabilité de l'Etat dépendent essentiellement des bonnes mœurs et des croyances religieuses

1° *Effets du péché sur les organes.* — Le péché, considéré en lui-même, est un principe de dissolution. Tous les grands médecins qui ont traité des passions, sont unanimes à dire que lorsqu'elles sont violentes et dépassent les bornes de la raison, elles produisent de terribles effets sur l'organisme et abrègent la vie. Elles font l'effet de fièvres brûlantes, surexcitent momentanément et jettent dans la langueur et la faiblesse. Elles finissent par détruire les tempéraments les plus robustes et font sur les organes de la vie des ravages contre lesquels la science médicale se déclare impuissante. Des populations autrefois remarquables par la beauté et la force de leur complexion ont tellement dégénéré, qu'on trouve parmi elles beaucoup de jeunes gens impropres au service.

2° *Effets des passions sur l'intelligence.* — Mais si l'immoralité est nuisible au corps, elle l'est encore plus à l'âme. L'âme et le corps étant si étroitement et si intimement unis, il est impossible qu'il y ait de graves perturbations dans l'un sans que l'autre s'en ressente. La démence et la folie n'ont très-souvent d'autre cause qu'un violent combat entre la passion et la vérité connue. La corruption des mœurs affaiblit les caractères, abat le courage, porte à la lâcheté et à toutes les trahisons ; elle hébète les gens du peuple et couvre de ténèbres les plus belles intelligences ; elle fait perdre toute sagesse à des hommes qui auraient pu rendre de grands services à leurs concitoyens.

On le voit par l'exemple de ces malheureux écrivains que Platon aurait certainement chassés de sa république, ayant étouffé la voix de leur conscience, ce flambeau divin que Dieu a déposé dans l'âme humaine, ils se sont donné la mission de régénérer le genre humain en le pervertissant, en lui enseignant que son souverain bien consiste dans la jouissance du bien-être et des plaisirs, que la liberté doit être absolue; c'est pour cela qu'ils attaquent la religion par tous les moyens qui sont en leur pouvoir, qu'ils livrent au mépris et à la haine tout ce qui est saint et digne de respect, qu'ils tranquillisent la conscience des scélérats en leur donnant l'assurance qu'il n'y a rien à craindre après cette vie. Ils sont vraiment les ouvriers du progrès, comme ils disent, mais du progrès de l'hébétement, de la décadence, de toutes les folies et de la dissolution sociale.

3° *Effets de la corruption des mœurs sur la société.* — Une société humaine, quelle que soit la forme du gouvernement qu'elle se donne, est une association d'hommes libres gouvernés par des lois dans un intérêt commun, ou, comme la définit saint Augustin, une assemblée d'êtres raisonnables associés par la communauté des choses qu'ils aiment et sur lesquelles ils s'accordent. Mais quel accord pourra exister entre les membres d'une société dont chacun voudra tirer tout à soi, dont le premier mobile sera l'égoïsme, si ceux qui commandent et ceux qui doivent obéir ne connaissent d'autre loi que leur propre satisfaction.

L'homme agit comme il pense, comme il connaît et comme il aime. Ses actes sont en rapport avec l'estime qu'il fait de chaque chose et la valeur qu'il lui prête. Or, l'impie ne reconnaît aucune valeur aux biens surnaturels ni aux choses qui regardent la vie future, puisqu'il n'y croit pas. L'intérêt commun exige de la part de chacun des sacrifices quelquefois durs et pénibles. Avec la disposition de jouir le plus qu'il sera possible et d'éviter la peine, que deviendra cet intérêt commun et la société elle-même qui ne peut pas subsister sans lui? Les chefs se laisseront guider par l'orgueil, l'ambition, l'insolence, la rapacité, la violence et l'astuce. On les verra étouffer tout ce qui a de la tête et du cœur, les sociétés charitables et même littéraires qui leur seront suspectes ; ils restreindront la liberté religieuse plus que toutes les autres ; ils eloigneront des places tous les hommes de bien pour n'avoir que des flatteurs ou des complices.

De son côté, le peuple auquel on aura donné, au moins de nom, la liberté pour évangile et le bien-être pour fin dernière, se voyant frustré dans ses espérances, jettera des yeux d'envie sur ceux qu'il voit jouir des biens de ce monde, sur ces chefs qui lui ont fait des promesses qu'ils ne peuvent ou ne veulent pas remplir. On lui a enseigné le mépris de l'autorité divine ; quel respect aura-t-il pour les ordres de ceux qu'il a lui-même élevés au pouvoir et qui le trompent, qui nagent dans l'abondance tandis qu'il reste dans la misère! Le mécontentement ne tarde pas à se généraliser, et il se trouve toujous quelqu'un pour mettre le feu à la poudre. C'est ainsi que les révolutions succèdent aux révolutions et que l'édifice social, ébranlé par tant de secousses, finit par tomber en lambeaux.

La société ne conserve sa force et sa vigueur que par les bonnes mœurs ; ce sont elles qui font circuler dans ses veines un sang pur et généreux ; elles conservent dans la masse l'amour de l'ordre, le respect du droit et de la justice. Il en est de l'Etat comme d'une famille : celle dont les mœurs sont pures vit plus longtemps et généralement les générations se succèdent sans se détériorer ; celle, au contraire, qui est tout à fait vicieuse, dégénère promptement et finit par s'éteindre.

Scipion Nasica, qui avait beaucoup contribué à l'agrandissement de la république romaine, annonçait sa chute en voyant le changement qui s'opérait dans les mœurs. Cicéron lui fait dire qu'elle avait péri entièrement, quoiqu'elle fût alors au plus haut point de sa gloire, parce que, ajoutait-il, un Etat sans mœurs n'est pas seulement vicieux, mais il n'est qu'une peinture de gouvernement qui s'évanouit de vétusté : *Neque felicem esse rempublicam censebat, stantibus manibus, ruentibus moribus.*

Les partisans des principes modernes s'imaginent que pour rendre un Etat heureux, il suffit que les richesses abondent, que les arts et les sciences soient cultivés, qu'il y ait des armées nombreuses pour la défense de la patrie, que les lois soient souvent remaniées et qu'on en fasse toujours de nouvelles pour consolider les institutions, ce que Platon appelle regorger de bêtise. Peu leur importe que la loi se perde, que les mœurs se dépravent, que ce qu'il y a de plus respectable et de plus saint soit traîné dans la boue. Souvent ils sont les premiers à donner l'exemple du mépris des lois de Dieu, à mettre des entraves à la liberté de l'Eglise dont ils se défient comme de leur plus dangereux ennemi. Ces grands politiques ne s'aperçoivent pas que c'est creuser un abîme dans lequel ils finiront par tomber, entraînant l'Etat dans leur chute.

Point de bonnes mœurs sans croyances religieuses

La conservation des bonnes mœurs tient essentiellement aux croyances religieuses. Dès que la foi commence à s'affaiblir, les mœurs se corrompent. Empêcherez-vous une multitude qui ne croit ni aux peines ni aux récompenses d'une autre vie de se livrer aux emportements de ses passions, aux vices les plus subversifs de tout ordre, en lui disant que ces actes sont contraires à l'honnêteté et souvent nuisibles.

Nos libre-penseurs, qui sont tous de la secte d'Epicure, nous disent sérieusement que la raison suffit à faire fleurir les bonnes mœurs. Mais depuis si longtemps qu'ils sont à l'œuvre, quel exemple peuvent-ils nous citer de l'efficacité de cet athéisme à moraliser les peuples ? Dans quelle ville, dans quel village, dans quelle famille, ont-ils établi l'ordre, la régularité des mœurs, le respect et l'honnêteté ? Quelle morale peuvent enseigner des gens qui ne distinguent pas le bien du mal ni la vérité de l'erreur, qui, en leur qualité de libre-penseurs, ne sont sûrs de rien et n'affirment aucune vérité absolue ? Comment feront-ils entrer la métaphysique des convenances dans l'âme de ces innombrables bêtes dont ils sont les pédagogues ?

Qu'il ne peut pas exister de vrai gouvernement sans religion

Une société dans laquelle il n'y a ni intérêt commun, ni droit, ni justice, ni autorité légitime, ni obligation d'obéir, perd son nom ; ce n'est plus qu'une multitude confuse d'individus, étrangers les uns aux autres, n'étant plus unis entr'eux par aucun lien. Le gouvernement qu'elle s'est donné, si elle en a un, ou qui lui a été imposé, pourrait à peine être appelé une peinture de gouvernement. Car qu'est-ce qu'un Etat sans la justice, se demande « saint » Augustin, sinon un grand brigandage, et qu'est-ce » qu'une troupe de brigands, si ce n'est un petit royaume » organisé pour le vol, associé sous un chef lié par un » pacte social pour le partage du butin. » Or, telle est la condition d'un peuple gouverné en dehors de toute religion. Ni les chefs n'ont le droit de commander, ni le peuple l'obligation d'obéir. Car si l'on ne veut pas qu'il existe une vérité, une justice, une autorité souveraine et éternelle de laquelle découle tout droit, toute vérité et tout pouvoir, ces mots n'ont aucun sens ou ne signifient autre chose que l'expression de la volonté de certains hommes.

D'où vient le droit de commander, s'il ne vient pas de Dieu ? Vient-il de ceux qui sont au pouvoir ou de la multitude ? S'il vient de ceux qui sont au pouvoir, parce qu'ils sont au pouvoir, ne faudra-t-il pas soutenir que cela seul les revêt d'une nature supérieure à celle des autres humains, l'homme par lui-même n'ayant pas d'empire sur l'homme, transformation qui doit s'opérer aussi souvent qu'ils montent qu'ils descendent, en revenant sujets, qu'ils sont tantôt dieux et tantôt simples mortels. C'est donc une grande absurdité de prétendre que vous avez le droit de me commander et de me punir, de m'assujettir à vos lois, parce que vous êtes les plus forts et que vous l'entendez ainsi.

Il n'est pas moins absurde de supposer que le droit réside dans la multitude qui en investit quelques-uns. Comment ce qui ne se trouve pas dans l'individu, même en germe, se trouvera-t-il dans le nombre? Peut-on multiplier le néant pour en composer un principe? La justice n'est pas quelque chose de divisible dans sa nature ; elle est éternellement la même, parce qu'elle est en Dieu, en qui il n'y a pas de changement, en dehors de qui rien n'est juste ni injuste, ni vrai ni faux. Si elle dépendait de la volonté des hommes, il y aurait autant de justices différentes qu'il y a eu de gouvernements et de législateurs sur la terre depuis le commencement du monde, et comme il n'y pas d'injustice qui n'ait été commandée par quelques-uns de ces gouvernements, on sera forcé d'avouer que la justice est arbitraire et ne diffère en rien de l'injustice.

On ne résoudra pas cette difficulté en disant que chacun ayant un certain droit sur lui-même et sur les choses qui lui appartiennent, il peut céder ce droit à quelques-uns dans l'intérêt général, parceque : 1° nul homme n'a un droit absolu sur lui-même ; il ne s'est pas donné la vie, il n'a pas le droit de se l'ôter, le suicide ayant toujours été regardé comme un crime ; 2° personne ne donne son consentement aux lois qui lui paraissent nuisibles ou injustes, ce qui arrive toujours pour un grand nombre ; 3° jamais tous ceux qui sont assujettis aux lois, outre les femmes et les enfants, ne sont consultés, et que ceux qu'on appelle les mandataires du peuple ne sont que les mandataires d'un certain nombre ; 4° la génération suivante n'ayant donné aucune espèce de consentement ne serait nullement obligée d'obéir à des lois qui reçoivent toute leur autorité de ceux qui doivent les accomplir. Donc il n'y a ni droit, ni justice, ni autorité légitime dans un gouvernement fondé sur de telles bases. Il n'y a que despotisme d'un côté et esclavage de l'autre ; le droit de la force aidé de l'astuce et de l'hypocrisie contre la faiblesse.

Une telle politique n'est pas différente de celle de ces athées que Platon réfutait avec tant de force et de raison.

D'après eux, les lois n'ont, en effet, aucune valeur par elles-mêmes, mais elles obligent, par cela seul qu'elles ont été établies, et les choses justes ne sont justes, que parce qu'elles ont été déclarées telles par les législateurs. Mais, disait ce philosophe, préconiser une telle doctrine, c'est poser un principe de dissolution perpétuel ; l'enseigner à la jeunesse, c'est lui faire boire l'impiété et regarder comme justes et légitimes tous les attentats. Platon était persuadé que « là où la loi divine est méconnue, violée par la » tyrannie d'un ou de plusieurs ou de la multitude, non- » seulement la société politique est vicieuse, mais qu'il n'y » a pas même de société ».

C'est cependant cette doctrine détestable et absurde qui a prévalu dans la plupart des Etats de l'Europe et surtout en France ; c'est elle qu'on ne cesse d'enseigner au peuple comme l'idéal de la perfection politique. Le peuple en a profité pour tenir toujours suspendue sur la tête de ses maîtres l'épée de Damoclès. Ses menaces n'ont pas été vaines. Depuis qu'on lui a appris que Dieu n'est pour rien dans les affaires humaines, que de constitutions renversées, que de couronnes et de gouvernements traînés dans la poussière ! On lui a ôté tout respect pour l'autorité, comment auraient-ils craint de porter la main sur ceux qui en sont revêtus ? A force de prêcher les droits de l'homme, on a aboli tous les devoirs. C'est en vain que princes et ministres, comptant sur la finesse de leur esprit et leur astucieuse politique, ont voulu faire considérer leur pouvoir comme la chose du monde la plus sacrée et la plus inviolable. Pris en flagrant délit de contradiction, ils sont tombés les uns après les autres sous le poids de la colère et du mépris ; et ce qui est déjà arrivé si souvent arrivera encore, arrivera toujours, tant que l'on refusera de proclamer hautement que Dieu est l'unique principe de tout droit, de toute vérité, de toute autorité, de toute justice.

C'est la foi qui sauve les Etats comme les individus. On objecte l'exemple de certaines nations barbares qui, par des prodiges de valeur, ont consolidé leurs institutions et conservé leurs conquêtes. Mais on ne fait pas attention que ces barbares avaient de fortes croyances. Ils étaient dans dans l'erreur, mais ils y croyaient comme à la vérité. Animés par l'espérance du bonheur qu'ils croyaient leur être réservé dans une autre vie, ils étaient d'autant plus redoutables qu'ils ne craignaient pas de mourir.

Mais aujourd'hui, on ne réussira pas à faire croire aux peuples qui ont été chrétiens ou qui le sont encore qu'ils seront punis ou récompensés par les dieux de l'Olympe ou par d'autres dieux du paganisme. On ne remplacera la foi catholique ni par la croyance aux incarnations de Boudha ni par la religion du faux prophète de la Mecque ni par les bouffonneries sacrilèges de l'Ecclésiaste de Wurtemberg. Le protestantisme, après avoir roulé d'erreur en erreur, de nouveautés en nouveautés pendant trois siècles, n'a plus de croyance. Le libre-examen est devenu la libre-pensée. La libre-pensée a donné naissance aux principes modernes qui sont la négation de tout principe et sur lesquels cependant est fondée la politique actuelle des peuples de l'Europe. Voilà pourquoi elles sont dans les angoisses et dans le trouble : elles s'agitent comme des malades en délire ; aucune d'elles n'est sûre du lendemain. On multiplie les agents de police, les gendarmes, les espions pour avoir l'œil partout ; on entretient d'innombrables armées en temps de paix et l'on tremble ; la réunion de quelques hommes inoffensifs trouble le repos des gardiens de l'ordre public; une feuille de papier, un morceau de toile qui flotte dans l'air répand l'alerte, et on n'a pas toujours tort de penser que c'est peut-être le commencement d'une révolution. Les mécontents sont toujours en grand nombre et les nouveaux principes leur permettent de tout oser.

Des agents du pouvoir

Mais peut-être que le gouvernement fondé sur cette base ruineuse se maintiendra solidement par le nombre et le dévouement des hommes choisis auxquels il aura confié toutes les charges. Illusion ! Nous avons vu, en France, plusieurs gouvernements : royal, impérial, républicain, qui se croyaient consolidés pour toujours par le soin qu'ils avaient de faire ce choix et de multiplier sans fin les places et les sinécures. Depuis le ministre jusqu'au garde-champêtre, tous devaient être des conspirateurs de la veille ou du moins avoir donné quelque marque de sympathie au nouvel état de choses. Il fallait se montrer disposé à exécuter les ordres justes ou injustes du pouvoir, à pratiquer l'espionnage, à dénoncer les suspects. Avec une armée de tels agents répandus partout, ces habiles politiques se croyaient en pleine sécurité en état de braver toutes les tempêtes. Ils sont tombés comme un jeu de cartes ; un instant les a vus disparaître, sans que ces inombrables dévoués aient rien fait pour arrêter leur chute. Non seulement ils ne s'y sont pas opposés, mais la plupart d'entre eux n'ont eu rien de plus pressé que de se tourner du côté des vainqueurs et de leur offrir leurs services, accusant leurs anciens maîtres de plus de crimes qu'ils n'en avaient commis. Les débauchés, les voleurs, les égoïstes, les ambitieux, les ignorants ne sont jamais attachés au gouvernement pour lui-même ; ils sont attachés au lucre, aux places, aux honneurs, mais non pas aux principes. Ce sont eux néanmoins qui poussent l'adulation jusqu'à la dernière bassesse.

Cette race d'hommes s'est trouvée partout ou il y a eu des gouvernements destinés à périr. (*Tert. ad scap.*) en fait un portrait très-txact lorsqu'il dit, en parlant d'Albin et de quelques autres, que leurs partisans offraient pour eux des sacrifices et persécutaient ceux qui n'entraient pas dans leur révolte, mais que le lendemain, voyant leur parti en déroute, ils se déclaraient les ennemis mortels de ceux qu'ils avaient encensés. C'est l'histoire de toutes les révolutions. Voyez le manifeste si rempli de récriminations acerbes et violentes du conseil général et municipal de Paris, approuvé par le sénat, le corps législatif, la garde nationale, c'est-à-dire par ceux qui avaient été ses instruments les plus serviles, contre Napoléon vaincu par les alliés. Ce même Napoléon, revenu de l'île d'Elbe et rentré aux Tuileries, trouve les tables couvertes de missives adressées au roi : elles renfermaient les protestations les plus ardentes de fidélité et de dévouement ; les jours suivants chaque courrier apportait des protestations semblables émanant des mêmes personnes et destinées à l'empereur. *Et nunc intelligite.*

CHAPITRE II

DE LA PROVIDENCE

Jusqu'ici nous avons considéré le renversement des Etats comme étant l'effet naturel de l'immoralité, de l'indifférence religieuse ou de l'athéisme. Mais il ne faut pas oublier que, dans ce monde, tout est conduit par les lois supérieures de la Providence à laquelle rien n'échappe, qui règle tous les évènements avec une puissance et une sagesse infinies. Selon le plan que Dieu s'est proposé en tirant les êtres du néant, nous savons par le témoignage des livres saints, que tout a été fait pour les élus : *omnia propter electos ;* que c'est dans leur seul intérêt, qu'arrivent tous les changements, que les empires s'élèvent, s'agrandissent et tombent quand ils ont accompli leur mission, car c'est Dieu qui change les temps et transfère les royaumes : *ipse mutat tempora et œtates, transfert regna atque constituit. (Dan. 2. 21.)* Laissant à l'homme toute sa liberté, il a tellement disposé les choses que son action se cache très-souvent sous l'apparence des causes naturelles, que la science et la perspicacité humaine ne découvrent pas toujours ; telles sont, dans l'ordre physique, les causes du dérangement des saisons, de certains phénomènes, des épidémies, etc., et dans l'ordre moral, de beaucoup de guerres, de changements de dynasties et de révolutions dont les causes sont souvent multiples, éloignées, anciennes, difficiles à trouver.

Tous les peuples de la terre, moins les athées, tels que

les Epicuriens et quelques autres sectes, odieuses même
aux payens, ont cru à une Providence universelle qui
s'étend sur tous les êtres, depuis les plus grands jusqu'aux
plus imperceptibles. Tous ont reconnu que c'est elle qui
donne à ces millions d'espèces vivantes dont toute la
nation est peuplée, ce qui est nécessaire à leur existence et
à leur conservation. Est-il croyable que l'homme pour qui
tout a été fait, si supérieur à tout le reste par sa raison,
soit seul étranger à cette même Providence, et qu'elle ne
se mêle en rien des événements qui ont une si grande
influence sur ses destinées, tels que les victoires et les
défaites, l'élévation et la chute des Etats.

Il n'y a jamais eu, dit Cicéron, de peuple si féroce et si
barbare qui n'ait pratiqué quelque religion et rendu un
culte à quelque divinité : or, le culte se compose de
prières, d'actions de grâce et de sacrifices. L'usage de la
prière est tellement universel qu'on peut l'appeler le soupir
des âmes, s'élevant de tous les points de la terre vers le
ciel. Or, prière et sacrifice supposent nécessairement qu'il y
a une Providence qui veille sur nous et peut nous accorder
des secours, une justice qu'on peut se rendre favorable,
une sagesse qui peut se communiquer et donner aux chefs
des peuples, en telle mesure qu'il lui plaît, la prévoyance,
l'intelligence et la force, une Providence qui fait concourir
à la défaite ou à la victoire une foule de circonstances dont
l'ensemble échappe à l'esprit humain.

Platon ne fait qu'exprimer cette croyance générale quand
il dit que « si Dieu ne préside à l'établissement d'une cité
et qu'elle n'ait qu'un gouvernement humain, elle ne peut
échapper aux plus grands malheurs. » C'est la traduction
de ces paroles du ps. 126 : *Si le Seigneur ne bâtit lui-
même la maison, c'est en vain que travaillent ceux qui la
construisent. Si le Seigneur ne garde la ville, en vain
veillera celui qui la garde.*

Ce ne sont pas seulement les philosophes qui nous
affirment l'universalité de cette croyance, mais aussi les
historiens et les poètes : Simonide dit clairement que

« c'est Dieu qui donne la force et le bon conseil. » Euripide, que « sans l'intervention divine, rien n'arrive aux mortels, et que lorsque la Providence veut sauver un peuple, elle fait surgir une foule de circonstances favorables. » Ménandre, que « c'est Dieu qui donne tous les biens. » Testius, que « quand il lui plaît de sauver quelqu'un du naufrage, la moindre petite branche y suffit. » Plutarque, dans son admirable traité de la Providence, en parle comme un Père de l'Eglise, quand il dit que les méchants sont quelquefois entre les mains de Dieu, comme des espèces de bourreaux, dont il se sert pour châtier d'autres coupables, après quoi il détruit les bourreaux à leur tour.

L'action de la Providence est souvent lente, mystérieuse, et semble livrer les événements au hasard ; ce qui fait dire à saint Jean Chrysostôme « que la Providence générale de Dieu ne peut être comprise tout entière ni complétement, parceque la grandeur de sa prudence et de sa sagesse dépasse de bien loin la raison humaine, » et à Plutarque, « qu'il y a dans le labyrinthe obscur du jugement de Dieu des mystères que nous ne pouvons comprendre, comme il y en a d'innombrables dans les choses matérielles que nous sommes obligés d'admettre. »

CHAPITRE III

DE LA SUBORDINATION DE L'ETAT A L'AUTORITÉ DE L'EGLISE

Un gouvernement ne sera jamais tranquille ni en sûreté, n'obtiendra ni respect ni obéissance volontaire de la part du peuple, qu'autant qu'il sera soumis lui-même aux lois de Dieu interprétées par les dépositaires de ces lois.

On a tant crié dans les Assemblées législatives et ailleurs contre le droit divin, que beaucoup de catholiques n'ont pas osé le soutenir. Les révolutionnaires ont confondu à dessein deux choses très-différentes : la prétention de certains rois d'avoir reçu leur pouvoir immédiatement de Dieu, et par conséquent de n'avoir à rendre compte qu'à lui seul de l'usage qu'ils en faisaient, ce qui n'est rien moins qu'un principe de despotisme ; et le droit absolu qui appartient à Dieu, comme souverain Maître et souverain législateur, ce que les athées seuls peuvent nier. Tout homme qui croit à la spiritualité et à l'immortalité de l'âme doit convenir :

1° Que les biens de l'âme sont supérieurs aux biens du corps et beaucoup plus dignes de nos recherches ;

2° Que de tous les biens, soit du corps, soit de l'âme, aucun n'est comparable à la fin dernière de l'homme qui a été le principal objet de l'ancienne philosophie ;

3° Que pour connaître sûrement quelle est la vraie fin dernière à laquelle se rapportent tous les actes de la vie, par quels moyens nous y pouvons parvenir, il est nécessaire que Dieu même nous instruise, aucune intelligence humaine ne pouvant savoir naturellement quel sera l'état des âmes après cette vie ;

4° Que de même que la nature de la vérité ne change pas selon les temps et les climats, de même aussi l'essentiel de la morale qui en dépend est toujours le même et oblige également tous les hommes. Il n'y a pas une morale pour les princes et une autre pour les sujets ;

5° Qu'il est impossible que cette unité de dogmes et de morale existe et se conserve, non-seulement dans un Etat, mais dans une seule commune, sans l'autorité infaillible d'une magistrature établie par Dieu pour décider en son nom.

Mais comme nous vivons dans un temps où l'esprit révolutionnaire, qui est un esprit de révolte contre Dieu et contre le sens commun, a dénaturé toutes les notions du vrai et du juste, il est nécessaire de prouver que la doctrine qui veut que l'Etat soit soumis à la religion, n'est pas une invention du moyen âge, comme le disent certains professeurs d'histoire et de philosophie, mais une doctrine qui a été reconnue pour la seule vraie dans tous les temps

et dans tous les pays du monde, dans l'extrême Orient comme dans les contrées occidentales. Dans le Nord comme dans le Midi, tous les peuples ont reconnu que la religion est le fondement essentiel de toute société, et que les rois ou pasteurs des peuples ne doivent rien entreprendre sans consulter les oracles. « Il est nécessaire, dit le grand philo-
» sophe de la Chine, Confucius, que les lois soient des
» ordres du Ciel qui a établi la distinction des devoirs et
» la distinction des Etats, qui seul peut punir les infractions
» et récompenser la vertu, qui pardonne au repentir, se
» laisse fléchir à la prière, et entend les cris des peuples. »
Les innombrables disciples de Confucius n'ont pas renié sa doctrine, ils ont souvent rappelé ce qu'il disait du saint qui devait venir de l'Occident porter la loi à sa perfection et étendre son règne sur tout l'univers, témoignant ainsi que le Christ annoncé par les prophètes d'Israël était vraiment l'attendu des nations. Ils avouaient que la raison humaine est impuissante à former un gouvernement parfait, et qu'elle a besoin d'être éclairée par le souverain législateur.

Il semble que la Grèce remuante et raisonneuse, partagée en une foule de petits Etats, livrée à de honteuses supersti-tions, si défiante et si jalouse de sa liberté, ne devait pas avoir tant de respect pour l'autorité religieuse. Cependant lisez le *Traité de la société politique* et le *Traité des lois* de Platon, et voyez si un clérical du moyen âge a dit plus nettement que « tout pouvoir vient de Dieu, que l'ordre
» que doit suivre le législateur humain et prescrire à tous,
» est de subordonner les choses humaines aux choses di-
» vines, que si ce n'est pas Dieu, mais un homme qui pré-
» side à la constitution et au gouvernement d'un Etat
» quelconque, il ne pourra échapper aux plus grands
» maux. » Ne semble-t-il pas prédire ce que nous voyons,
lorsqu'il dit que « quand il arrive qu'un homme pré-
» somptueux s'empare du pouvoir avec le secours d'autres
» misérables comme lui, il ne manque pas des gens aux
» yeux desquels il paraît quelque chose, mais que bientôt
» abandonné de Dieu et puni par son irréprochable juge-

» ment, il renverse à la fois et lui-même et sa maison, et
» la cité tout entière. »

La même doctrine était proclamée à Rome. Cicéron, un
peu sceptique, quand il n'exprime que ses propres opi-
nione, parle avec une grande fermeté lorsqu'il s'appuie sur
la tradition universelle. Voici ce qu'il dit dans son *Traité
de la République* : « Pour établir le droit, il faut remonter
» à cette loi souveraine qui est avant tous les siècles,
» avant qu'aucune loi ait été écrite ni aucune ville fondée.
» Pour y parvenir, il faut croire avant tout que la nature
» entière est gouvernée par la Providence. Selon les sages,
» la loi n'est pas une invention de l'esprit de l'homme ni
» une ordonnance des peuples, mais quelque chose d'éter-
» nel qui régit l'univers. Les commandements et les dé-
» fenses des peuples n'ont pas la force d'obliger à la vertu
» ni de détourner des vices. La loi véritable et souveraine
» à laquelle il appartient d'ordonner et de défendre est la
» raison du Dieu suprême. » Il dit encore plus expressé-
» ment dans son livre des Harusp. : « Nos ancêtres gou-
» vernaient la République par les observations religieuses ».
En effet, tous les auteurs anciens qui ont traité du gouvernement de Rome, comme Denys d'Halic. dans ses *Anti-
quités*, disent positivement que depuis Romulus jusqu'au
temps de Jules César, royauté et république étaient gou-
vernées par les prêtres et les oracles dont les décisions et
les réponses servaient de règle à toutes les entreprises.
Homère représente les anciens rois de la Grèce comme les
élèves et les ministres du père des dieux et des hommes.
L'Egypte, célèbre par la sagesse de ses lois, malgré son
culte bestial, était gouvernée par des rois-prêtres. En
Ethiopie, les prêtres choisissaient l'un d'entre eux pour
l'élever sur le trône. Le gouvernement japonais a été théocratique pendant plus de trois mille ans. Dans l'Inde, la
caste sacerdotale est, sans contredit, la plus puissante. Les
Gaulois et les Germains, nos ancêtres, avaient étendu la
théocratie jusqu'à la discipline militaire. Les druides étaient
suprêmes régulateurs des affaires publiques. Les généraux,

dit Tacite *(Germ.* 7), ne peuvent ni châtier, ni condamner aux fers, ni même au fouet : cela n'est permis qu'aux prêtres. Le châtiment s'inflige, non comme une peine, mais pour obéir au commandement de Dieu qu'ils croient présent au combat.

Le plus parfait modèle d'un gouvernement théocratique est, sans contredit, celui que Dieu avait donné au peuple d'Israël par le ministère de Moïse. Plusieurs philosophes anciens en ont parlé avec éloge, et Platon y a puisé ce qu'on admire le plus dans ses traités politiques. Ce qui fait dire à un de ses disciples, Numenius : *Quid est Plato, nisi mores atticè loquens ?* Mahomet l'a aussi imité à sa façon, et la religion de ce faux prophète n'oppose une résistance si durable à la civilisation chrétienne qui la pénètre de toutes parts, que parce qu'elle est l'âme de toutes les institutions du gouvernement.

Nous pourrions multiplier ces témoignages, mais cela n'est pas nécessaire, puisque les auteurs modernes, Voltaire à leur tête, conviennent que tous les gouvernements anciens ont été théocratiques, dans les temps où ils jetaient le plus d'éclat par la culture des arts et des sciences.

Il est inutile d'objecter les abus que les prêtres des idoles pouvaient faire d'une autorité qui excédait celle des rois. Ministres d'une religion superstitieuse, voluptueuse et cruelle, ils n'ont que trop souvent exercé un pouvoir tyrannique. Mais je considère le fait en lui-même et son universalité, le fait de la subordination du pouvoir temporel au pouvoir religieux, et je n'en trouve pas l'origine ; d'où je conclus ou que cet ordre de choses provient de la révélation primitive ou qu'il est tellement fondé sur la nature des choses qu'il a toujours été reconnu nécessaire, pour réunir les hommes en société, de donner la prépondérance à la religion. Si le consentement universel est, comme dit Cicéron, la voix même de la nature, sur quoi trouvera-t-on une plus grande unanimité.

Reconnaître l'universalité de cette doctrine et prétendre qu'elle est contraire au bien des peuples, surtout depuis que le christianisme a répandu dans le monde la vraie notion de la justice, n'est-ce pas aller au rebours du sens commun ? Peut-on croire que la vérité, voilée dans les siècles passés aux yeux des rois et des peuples, n'a été découverte que par les membres de cette fameuse Assemblée de 89 qui a proclamé les principes modernes en déclarant la guerre à la religion ? Quels biens ont-ils produits en France, sans parler des autres peuples? Ils ont allumé partout le feu de la discorde et une haine furieuse entre les enfants de la même patrie ; ils ont multiplié les proscriptions les plus sanglantes ; ils ont fait périr dans l'espace de quelques années des millions d'hommes tombés sous la hache révolutionnaire ou sur les champs de bataille ; ils ont couvert le pays tout entier de deuil et de ruines ; ils ont avili toute autorité et sanctionné toutes les révoltes dans l'Etat et dans la famille, aboli toute notion du droit et de la justice, jeté le peuple dans une anxiété fiévreuse, rendu impossible toute stabilité dans le gouvernement, et nous mènent à un abîme dont on ne voit pas le fond. Tels sont les résultats de ce que l'on appelle avec orgueil *nos glorieuses* conquêtes.

KERSAHO,
Recteur de Locoal.

LORIENT. — IMP. LOUIS CHAMAILLARD, PLACE BISSON, 4